Dienstanweisung

für die

Hebammen

des

Königreiches Bayern.

Mit Anhang, enthaltend sonstige, auf das Hebammenwesen bezügliche Bestimmungen.

München 1905.

Druck und Verlag von R. Oldenbourg.

Abteilung für Schulbücher.

Nr. 12078.

Bekanntmachung,

Dienstanweisung für die Hebammen betreffend.
(G.V.Bl. 1899 S. 416.)

Kgl. Staatsministerium des Innern.

Auf Grund des Art. 127 Abs. 2 des Polizeistrafgesetzbuches vom 26. Dezember 1871 und des § 4 der Allerhöchsten Verordnung vom 4. Juni 1899, die gewerblichen Verhältnisse der Hebammen betreffend, wird die nachstehende Dienstanweisung für die Hebammen erlassen.

Diese Dienstanweisung erscheint in einem Sonderabdrucke nebst einem Anhange aller sonstigen auf das Hebammenwesen in Bayern einschlägigen Bestimmungen im Kgl. Zentralschulbücherverlage (R. Oldenbourg in München, Glückstraße 8) und ist daselbst kartoniert um den Preis von 25 Pf. zu haben.

Es wird zur Anschaffung derselben in beetiligten Kreisen darauf aufmerksam gemacht, und ist seitens der Distriktsverwaltungsbehörden namentlich dafür Sorge zu tragen, daß jede Hebamme mit der neuen Dienstanweisung versehen ist, zu welchem Behufe sich allenfalls ein gemeinschaftlicher Bezug für sämtliche Hebammen eines Verwaltungsbezirkes empfehlen wird.

München, den 9. Juni 1899.

Frhr. v. Feilitzsch.

Dienstanweisung
für die Hebammen des Königreiches Bayern.

I. Berufspflichten der Hebammen im allgemeinen.

§ 1. Die Hebammen sollen einen nüchternen und ehrbaren Lebenswandel führen und durch Gewissenhaftigkeit in Erfüllung ihres verantwortungsvollen Berufes die Liebe und das Zutrauen ihrer Mitbürgerinnen zu erwerben und zu erhalten suchen. Allgemeine Pflichten.

§ 2. Den Bezirksärzten, wie überhaupt den vorgesetzten Behörden, sind die Hebammen Gehorsam und Achtung schuldig; Belehrungen und Anweisungen, welche sie von den Bezirksärzten zu ihrem Dienste erhalten, haben sie willig aufzunehmen und zu befolgen. Verhalten zu den vorgesetzten Behörden.

Beschwerden, welche sich auf die Ausübung ihres Dienstes beziehen, sollen die Hebammen bei den Bezirksärzten und in sonstigen dienstlichen Angelegenheiten bei den Distriktspolizeibehörden auf geziemende Weise anbringen.

§ 3. Die Hebammen sind verpflichtet, bei Ausübung ihres Berufes den Weisungen approbierter Ärzte Folge zu leisten, denselben anständig und bescheiden gegenüberzutreten und ihnen über ihre Wahrnehmungen gewissenhaft und ausführliche Auskunft zu erteilen. Verhalten gegen Ärzte.

§ 4. Die Hebammen sollen sich gegenseitig mit Achtung und Anstand begegnen und einander nicht durch unlautere Mittel (Verleumdung, Unterbietung usw.) aus dem Vertrauen ihrer Mitbürgerinnen zu verdrängen suchen. Sie sollen sich vielmehr, wenn es nötig ist, gegenseitig bereitwillig unterstützen. Verhalten gegen Berufsgenossinnen.

Fortbildung. § 5. Alles, was den Hebammen in den Unterrichtskursen gelehrt worden ist und was sie auszuüben gelernt haben, sollen sie bei ihren Dienstleistungen gewissenhaft und pünktlich befolgen und durch fleißiges Nachlesen im Lehrbuche oder in dem Leitfaden von Bezirksarzt Dr. Waibel sich bewußt zu halten suchen.

Die von ihnen geleiteten Geburten und sonstigen Vorkommnisse sollen sie genau beobachten und die Anwesenheit eines Arztes bei der Geburt möglichst benützen, um sich über neue und ihnen unklare Erscheinungen belehren zu lassen.

Gerätschaften. § 6. Die Hebamme muß folgende Gerätschaften besitzen, in gutem Zustande erhalten und bei jeder Entbindung mitbringen:

1. einen Irrigator mit einem 1 Meter langen Gummischlauche mit Stellhahn, 2 gläsernen Mutterohren und 1 Afterröhrchen aus Hartgummi,
2. eine Gummiballon-Spritze von 50 Kubikzentimeter Inhalt,
3. einen neusilbernen und einen elastischen weiblichen Katheter,
4. eine Nabelschnurschere,
5. eine Nagelbürste und einen Nagelreiniger,
6. eine Milchpumpe mit Glasaufsatz,
7. zwei amtlich geprüfte Krankenthermometer nach Celsius (Maximalthermometer) und ein Badethermometer nach Celsius, an dem eine besondere Marke für die Temperatur des Badewassers angebracht ist,
8. ein Bandmaß,
9. ein Stück leinenes Band von ½ Zentimeter Breite und mindestens ½ Meter Länge zum Unterbinden der Nabelschnur,
10. für Zählung des Pulses eine Sanduhr (eine Viertelminute laufend), wenn die Hebamme nicht eine Uhr mit Sekundenzeiger führt,
11. ein Stück Gummituch von 1 Meter Länge und 1 Meter Breite,
12. Seife und Handtuch und eine weiße, frischgewaschene Schürze, welche jedoch nicht in der Hebammentasche unterzubringen sind.

Die Hebamme soll darauf dringen, daß sich jede Gebärende womöglich selbst ein gläsernes Mutterrohr anschafft, und sie soll sowohl dieses wie die eigenen Instrumente, welche sie bei der Geburt benützt, vor und nach dem Gebrauche in 1 prozentige Lysollösung einlegen.

Gerätschaften aus Metall und Glas, welche die Siedehitze vertragen, sowie die Handbürste sind, wenn tunlich, vor und nach dem Gebrauche eine Stunde lang auszukochen.

Unbrauchbar gewordene oder zu Verlust gekommene Gerätschaften sind sofort, nötigenfalls unter Anrufung der Mitwirkung des Bezirksarztes, zu ersetzen.

§ 7. Jede Hebamme muß zum vorschriftsmäßigen Gebrauche bei der Geburt und für Notfälle folgende Arzneimittel vorrätig halten und mit sich führen: Arzneimittel.

1. 200 Gramm Lysol in einer mit „Lysol, Gift, Vorsicht beim Gebrauch" überschriebenen Flasche mit Meßglas oder Zinndeckel, welcher als Hohlmaß zur Bereitung der 1 prozentigen und 2 prozentigen Verdünnungen dient,
2. 20 Gramm Hoffmannstropfen,
3. 100 Gramm entfettete Verbandwatte,
4. 1 Paket mit 12 Kugeln reiner Watte von Hühnereigröße in Pergamentpapier,
5. 1 Paket Jodoformgazebinde ebenfalls in Pergamentpapier und mit den obengenannten Kugeln reiner Watte zusammen in einer Blechbüchse verpackt,
6. ein kleines, blaues Tropfglas mit 1,2 prozentiger Lösung von essigsaurem Silber.

Diese Arzneimitteln haben die Hebammen aus den Apotheken zu beziehen.

Die genannten Arzneimittel dürfen auch nur nach Maßgabe des im Unterricht Gelehrten zur Anwendung kommen, d. h. hauptsächlich bei geburtshilflichen Verrichtungen.

Die Abgabe und Anwendung anderer Arzneimittel, insbesondere des Mutterkorns und seiner Präparate, ist den Hebammen ohne ärztliche Verordnung verboten.

Unter keinen Umständen dürfen die Hebammen sich mit der Behandlung von Krankheiten überhaupt und von weiblichen Geschlechtskrankheiten insbesondere befassen und daher auch Mutterringe weder einlegen, noch ohne ärztliche Anordnung entfernen.

Wohl aber sollen die Hebammen bei allen Erscheinungen, die sie als regelwidrig im Unterrichte kennen gelernt haben, die um Rat fragenden Frauen an den Arzt weisen, z. B. unter anderem auch bei Blutungen, welche nach dem Verschwinden der Periode im Alter auftreten, wegen der Möglichkeit bösartiger Erkrankungen.

Stete Bereitschaft zur Berufstüchtigkeit.

§ 8.

1. Die Hebammen haben solche Beschäftigungen zu meiden, durch welche die Tüchtigkeit zur Ausübung ihres Berufes beeinträchtigt wird.
2. Denselben ist untersagt, die Dienste einer Leichenfrau oder Seelnonne zu versehen. Es ist ihnen ferner verboten, bei ansteckenden Krankheiten, insbesondere bei Diphtherie, Rotlauf, Scharlach, Augenentzündungen der Neugeborenen und allen Wundkrankheiten Wärterinnendienste zu leisten; sind sie aber mit derart Erkrankten in Berührung gekommen, so haben sie nach § 36 ihre Kleider und Gerätschaften sofort zu desinfizieren.
3. Sie sollen sich aus ihrem Bezirke so selten als möglich und, insoferne sie Gemeinde-Hebammen sind, über Nacht nur mit Erlaubnis des Bezirksarztes oder des Bürgermeisters entfernen.
4. Stets sollen sie Vorkehr treffen, daß sie, im Falle man ihrer bedarf, jederzeit sogleich gefunden werden können.
5. Ihre Gerätschaften sollen stets auf das sauberste gehalten und nebst den Arzneivorräten allezeit zweckmäßig zusammengestellt zum sofortigen Gebrauche bereit stehen; sie müssen daher sofort nach dem Gebrauche wieder in die vorschriftsmäßige Ordnung gebracht werden.
6. Keine Hebamme darf ohne Erlaubnis der Distrikts-Polizeibehörde eine Schwangere zur Niederkunft bei sich aufnehmen.

Pflicht zur Hilfeleistung.

§ 9. Die Hebammen sollen allen Frauen, welche ihrer Hilfe bedürfen, ohne Unterschied des Standes und Vermögens bei Tag und bei Nacht ohne Aufschub Beistand leisten. Bei mehrfachen gleichzeitigen Berufungen haben sie sich im allgemeinen nach der Zeit derselben zu richten, sonst aber sich zuerst dorthin zu wenden, wo ihre Hilfe am dringendsten erscheint. Geeignetenfalls werden sie solche Personen, denen sie nicht sofort zu Diensten sein können, an eine andere Hebamme verweisen. So lange eine Gebärende der Hebamme benötigt ist, darf diese sie unter keinem Vorwande verlassen.

Hat die Geburtsarbeit bei Ankunft der Hebamme noch nicht begonnen, so muß die letztere, falls sie wieder fortgehen sollte, von Zeit zu Zeit nach der Gebärenden sehen.

Verhalten gegen Schwangere und Gebärende.

§ 10. Gegen Schwangere und Gebärende sollen die Hebammen sorgfältig und freundlich sich zeigen, die Furchtsamen beruhigen, die Ungeduldigen bei langsam fortschreitender Geburt durch freundlichen Zuspruch trösten. Sie dürfen nicht dulden, daß etwaige Krankheitszustände aus Unkenntnis oder falscher Scham vernachlässigt werden, sondern müssen in jedem Falle mit Ernst und Nachdruck auf der Berufung eines Arztes bestehen.

Gefährliche Zufälle sollen der Gebärenden möglichst verschwiegen bleiben, aber dem Manne oder den Angehörigen ebenso wie Tod oder Mißstaltung des Kindes sogleich mitgeteilt werden.

Berufsgeheimnis.

§ 11. Abgesehen von Ereignissen, welche amtlich der Behörde anzuzeigen sind, sollen die Hebammen über alles, was sie bei ihren Pfleglingen beobachten und was ihnen in ihrem Berufe anvertraut wird, besonders auch über geheime Gebrechen ihrer Pflegebefohlenen, strenges Stillschweigen bewahren.

II. Von dem Verhalten der Hebamme bei der Geburt.

Aufsicht bei der Geburt.

§ 12. Die Tätigkeit der Hebamme bei der Geburt bezweckt durch sachgemäße Aufsicht den Schutz von Mutter und Kind gegen Regelwidrigkeiten. Durch diese Aufsicht bei der Geburt darf aber der Kreißenden kein Schaden zugefügt werden, z. B. darf die Kreißende vor allem dabei nicht angesteckt werden mit Keimen des Kindbettfiebers, die sich wie überall, so auch an den Geschlechtsteilen der Kreißenden und besonders auch an den Händen der Hebammen befinden

§ 13. Zur Hilfeleistung bei einer Geburt soll jede Hebamme womöglich eine frisch gewaschene Oberjacke mit nur bis zum Ellenbogen reichenden oder bis dahin aufknöpfbaren Ärmeln und eine breite weiße Schürze anlegen und dann zur geburtshilflichen Untersuchung in folgender, genau einzuhaltender Reihenfolge schreiten:

1. Herstellung einer 1 prozentigen Lysollösung in einer reinen Schüssel, indem sie mit dem Irrigator 1 Liter möglichst warmen Wassers in dieselbe gießt und hierzu 10 Gramm Lysol fügt unter sorgfältigem Umrühren mit dem Mutterrohr. Diese Lösung kommt zur Hälfte in den Irrigator, und das Mutterrohr bleibt beim Nichtgebrauch des Irrigators immer in demselben stehen.
2. In diese im Irrigator befindliche Lösung kommt jetzt das Nabelschnurband, die Nabelschnurschere und der Katheter.
3. In ein zweites flaches Gefäß (z. B. einen reinen Teller) gießt sie für etwa 10 bis 20 Pfennige Brennspiritus. Ein drittes größeres Gefäß füllt sie mit möglichst warmem Wasser.
4. Erste Reinigung und Desinfektion der Hände und Arme.

   Einseifen und Bürsten der Hände und Unterarme bis zum Ellbogen in dem warmen Wasser 3 bis 5 Minuten lang.

   Reinigung der Nägel und Nagelbetten mit dem Nagelreiniger und nochmaliges Abspülen im Wasser.

   Dann Abbürsten der Hände und Unterarme mit dem Brennspiritus 3 bis 5 Minuten lang.

   Endlich Bürsten der Hände und Unterarme mit der 1 prozentigen Lysollösung 3 bis 5 Minuten lang.
5. Reinigen der Hände, Geschlechtsteile, Oberschenkel und der Aftergegend der Kreißenden mit Seife, warmem Wasser und reiner Verbandwatte und Desinfektion mit Watte und Lysollösung.
6. Herstellung des Geburtslagers mit nur frisch gewaschener Bettwäsche als Unterlagen.

7. Äußere Untersuchung.
8. *Zweite Reinigung und Desinfektion der Hände und Arme* ganz so noch einmal wie in Nr. 4: danach kein Abtrocknen der Hände.
9. Innere Untersuchung.

Erste innere Untersuchung.

§ 14 und 15. Auf Grund der geburtshilflichen Untersuchung muß sich die Hebamme darüber vergewissern, ob es sich um eine regelrechte oder regelwidrige Geburt handelt.

Verhalten bei regelrechter und regelwidriger Geburt und Wiederholung der inneren Untersuchung.

Bei einer *regelrechten* Geburt wartet die Hebamme ruhig ab und überwacht Kreißende und Frucht sorgfältig, ob sich nicht noch im weiteren Verlauf Regelwidrigkeiten einstellen.

Die innere Untersuchung darf die Hebamme wegen *Gefahr der Übertragung des Kindbettfiebers* nur *ausnahmsweise* nach dem Blasensprunge dann wiederholen, wenn der weitere Verlauf der Geburt den Eintritt von Regelwidrigkeiten besorgen läßt, so beispielsweise, wenn der tiefstehende Kopf trotz kräftiger Wehen nicht binnen 3 Stunden zum Einschneiden kommt.

Handelt es sich um eine *regelwidrige* Geburt oder ist die Hebamme auch bei der zweiten inneren Untersuchung über die Sachlage in Zweifel geblieben, so muß sie *sofort* die Hinzuziehung eines approbierten Arztes veranlassen — siehe § 26.

Verantwortlichkeit der Hebamme.

§ 16. Eine Hebamme, die ohne obige vorgeschriebene Reinigung der Hände eine Schwangere oder Kreißende innerlich untersucht, begeht eine grobe Fahrlässigkeit und ist im Falle der Erkrankung der Untersuchten dementsprechend strafbar, d. h. wegen fahrlässiger *Körperverletzung* oder wenn die Kindbettfiebererkrankung zum Tode führt, wegen fahrlässiger *Tötung*.

Dammschutz-Verfahren.

§ 17. Beim Durchschneiden des Kopfes ist durch das Dammschutzverfahren das Zerreißen der Weichteile nach Möglichkeit zu verhüten.

Reinigung der Augen des Kindes.

§ 18. Die Lidspalte und ihre Umgebung ist schon gleich nach dem Durchschneiden, also bevor das Kind die Augen öffnet, sorgfältig mit reiner Verbandwatte und abgekochtem reinem Wasser abzutupfen und zu reinigen.

Einträufelung von Silberlösung in die Augen des Kindes.

§ 19. Die Reinigung und Besorgung des Neugeborenen hat erst nach der Beendigung der Nachgeburtsperiode zu erfolgen.

Bei *allen* Neugeborenen ist noch vor der Abnabelung ein Tropfen der in § 7 Ziff. 6 erwähnten Silberlösung in jedes Auge einzuträufeln.

Verhalten der Hebamme während der Nachgeburtsperiode.

§ 20. Die Lösung der Nachgeburt darf nicht durch unzeitige Hilfe beschleunigt und dadurch das Nachgeburtsgeschäft gefährdet werden. Dies geschieht z. B. durch grobes Herumdrücken am Gebärmuttergrund. Die Hebamme hat vielmehr die Gebärende genau zu überwachen und nur durch prüfendes Zufühlen vom Stande und von der Beschaffenheit des Gebärmuttergrundes sich zu überzeugen. Sind keine Regelwidrigkeiten vorhanden, so hat sie zwei Stunden auf die Ausstoßung der Nachgeburt ruhig zu warten.

Treten aber Regelwidrigkeiten z. B. in Form von Blutungen ein, entweder nach innen oder nach außen, so hat sie die schleunige Berufung eines Arztes zu veranlassen und bis zu dessen Ankunft die ihr im Unterricht gelehrten Mittel in vorgeschriebener Weise zur Anwendung zu bringen.

Bei regelrechtem Verlauf der Nachgeburtsperiode darf die Hebamme erst zwei Stunden nach der Geburt des Kindes versuchen, die zögernde Ausstoßung der Nachgeburt durch den „äußeren Handgriff" herbeizuführen.

Behandlung der Nachgeburt.

§ 21. Die Nachgeburt muß auf die Vollständigkeit ihrer Teile hin besichtigt werden. Wird aus irgend einem Grunde die Ankunft eines Arztes noch nach der Geburt erwartet, so muß die Nachgeburt aufbewahrt und demselben vorgezeigt werden.

Verhalten der Hebamme nach Beendigung der Geburt.

§ 22. Nach Beendigung der Geburt müssen zuerst die äußeren Teile, dann die Aftergegend und die Oberschenkel vorsichtig abgewaschen werden. Dies geschieht mit reiner Wundwatte unter Berieselung mit der noch im Irrigator befindlichen Hälfte der Lysollösung, welche durch Zugießen von heißem Wasser wieder lauwarm gemacht worden ist. Hierbei muß nachgesehen werden, ob der Damm verletzt worden ist.

Bei Dammrissen von $1^1/_2$ Zentimeter Länge und darüber muß ein approbierter Arzt hinzugezogen werden.

Verbot der Anwendung von Schwämmen.

§ 23. Schwämme dürfen weder zur Reinigung der Mutter noch des Kindes verwendet werden.

§ 24. Nach Beendigung der Nachgeburtszeit hat die Hebamme mindestens noch zwei Stunden bei Mutter und Kind zu verweilen. Innerhalb dieser Zeit wird erst, falls das Verhalten der Wöchnerin keine Regelwidrigkeiten zeigt, die Reinigung und Besorgung des Neugeborenen vorgenommen. Verhalten der Hebamme nach Beendigung der Nachgeburtszeit.

Im übrigen aber hat die Hebamme während dieser zwei Stunden die Wöchnerin genau zu überwachen, um Regelwidrigkeiten gleich zu bemerken.

Bei Geburten unzeitiger und mazerierter Früchte haben alle für die Geburten überhaupt gegebenen Bestimmungen der Dienstanweisung in Anwendung zu kommen.

§ 25. Wenn die Hebamme die Wöchnerin alsdann verläßt, so muß sie die Gewißheit erlangt haben durch ihre zweistündige Beobachtung, daß die Gebärmutter der Wöchnerin geneigt ist, in der gehörigen Zusammenziehung zu bleiben. Verhalten der Hebamme beim Weggehen von der Wöchnerin.

Vor dem Weggehen muß die Hebamme nochmals den Nabelschnurrest des Kindes untersuchen, ob auch keine Blutung aus demselben eingetreten sei.

III. Von dem Verhalten der Hebamme bei regelwidriger Geburt.

1. Von der Überweisung an den Arzt.

§ 26. Die Hebamme muß die Hinzuziehung eines approbierten Arztes veranlassen: Hinzuziehung eines approbierten Arztes.

a) Bei allen Regelwidrigkeiten, zu denen z. B. auch alle Blutungen während der Schwangerschaft gehören.

Sollten die Gebärende oder deren Angehörige es ablehnen, einem solchen Ansinnen zu entsprechen, so hat die Hebamme durch Wiederholung ihres Antrages vor Zeugen oder auf sonstige Weise dafür zu sorgen, daß sie erforderlichenfalls die Erfüllung der ihr im ersten Absatze auferlegten Verpflichtung nachzuweisen imstande ist.

b) Bei einer regelrechten Geburt hat die Hebamme die Hinzuziehung eines approbierten Arztes zu veranlassen, wenn die Gebärende oder deren Angehörige den Rat des Arztes wünschen.

2. Von besonderen Fällen.

Verhalten der Hebamme, wenn der herbeigerufene Arzt nicht zeitig genug ankommt.

§ 27. Kann der herbeigerufene Arzt nicht zeitig genug zugegen sein, so darf die Hebamme, wo es ihr das Lehrbuch gestattet, nach den Regeln ihrer Kunst durch das Ausziehen des Kindes an den Füßen, durch Stillung gefährlicher Blutungen die nötige Hilfe selbst zu leisten suchen.

Ist eine andere Hebamme leicht zu erreichen, so soll sie diese so schnell als möglich zu ihrem Beistande rufen lassen.

Taufe schwächlicher Kinder.

§ 28. Wird ein Kind so krank und schwach geboren, daß baldiges Ableben zu befürchten steht, so hat die Hebamme die Angehörigen hierauf aufmerksam zu machen, damit letztere allenfalls wegen der Taufe des Kindes das Nötige veranlassen, im besonderen Dringlichkeitsfalle aber je nach den gegebenen Verhältnissen wegen etwaiger Nottaufe des Kindes das Erforderliche vorzusorgen.

Scheintod der Neugeborenen.

§ 29. Bei Kindern, welche ohne Lebenszeichen scheintot geboren werden, oder bei denen die Lebensäußerungen kurz nach der Geburt plötzlich erloschen sind, haben die Hebammen nach der beim Unterrichte erhaltenen Weisung Wiederbelebungsversuche vorzunehmen und, falls die Belebung nicht schnell erfolgt, den nächstwohnenden Arzt rufen zu lassen.

Verhalten beim Tode der Schwangeren oder Gebärenden.

§ 30. Hat die Hebamme Ursache, zu vermuten, daß eine Schwangere in den letzten Monaten ihrer Schwangerschaft oder eine Gebärende noch vor erfolgter Entbindung sterben werde, so hat sie dies dem Bezirks- oder Hausarzte zeitig anzuzeigen.

Bei unerwartet raschem Ableben derselben soll sie dennoch schleunigst die Berufung eines Arztes verlangen und bis zu dessen Ankunft nicht versäumen, Wiederbelebungsversuche anzustellen.

IV. Von dem Verhalten der Hebamme bei Wöchnerinnen.

Besuch der Wöchnerin und des Kindes.

§ 31. Die Hebamme hat die Verpflichtung, die Wöchnerin und das neugeborene Kind, wenn irgend möglich, zehn Tage lang, unter Umständen auch noch länger, zweimal täglich zu besuchen, Hilfeleistungen, welche die Kenntnis einer Hebamme erfordern, selbst vorzunehmen, sowie auch für Pflege, Wartung und Ernährung des Kindes die nötige Anleitung zu geben. Insbesondere ist die Hebamme verpflichtet, soweit es in ihren Kräften steht, auf die Ernährung des Kindes durch die Mutterbrust zu dringen. Wie schon in § 8 bemerkt, darf die Hebamme sich keinesfalls dazu verstehen, das Waschen des im Wochenbette benutzten Weißzeuges vorzunehmen.

Verhütung des Wundfiebers.

§ 32. Jede Wöchnerin ist als eine Verwundete zu behandeln; deshalb ist im Wochenbette von den Geschlechtsteilen alles fernzuhalten, was Pilze des Wundfiebers an sich trägt, also im besonderen gebrauchtes Bettzeug, noch nicht desinfizierte Hände, noch nicht ausgekochte Instrumente.

Messung der Körperwärme.

§ 33. In den ersten zehn Tagen des Wochenbettes soll die Hebamme — wenn irgend möglich — bei jeder Wöchnerin morgens und abends durch $\frac{1}{4}$stündiges Einlegen des Thermometers in die Achselhöhle die Körperwärme messen und die Zahl der Pulsschläge zählen. Die gefundenen Zahlen müssen auf ein bestimmtes Blatt geschrieben werden.

Die Schamteile sind täglich zweimal, bei übelriechendem Wochenfluß noch öfter, jedesmal mit $\frac{1}{2}$ Liter warmer 1prozentiger Lysol-Lösung abzuspülen und vorsichtig mit reiner Watte abzutrocknen.

V. Von der Möglichkeit, Ansteckungen zu übertragen.

Steigerung der Körperwärme.

§ 34. Wenn die Körperwärme einer Wöchnerin, unter der Achsel gemessen, 38° Celsius übersteigt, so ist die Wöchnerin als krank zu erachten.

Die Hebamme hat deshalb sofort die Beiziehung eines Arztes zu veranlassen. Gleichzeitig hat sie der Distriktspolizeibehörde den Fall anzuzeigen, hiebei zu berichten, ob ein Arzt und welcher Arzt beigezogen wurde oder wird, und sich

Verhalten der Hebamme bei Wöchnerinnen, welche an Kindbettfieber erkrankt sind.

der Berufsausübung bei anderen Gebärenden und Wöchnerinnen so lange zu enthalten, bis ihr diese von der Distriktspolizeibehörde oder dem Bezirksarzte gestattet wird.

§ 35. Die Anzeigepflicht bei festgestelltem Kindbettfieber bemißt sich nach der Ministerialbekanntmachung über die Bekämpfung übertragbarer Krankheiten vom 9. Mai 1911 (GVBl. S. 426.)

Sicherung gegen ansteckende Krankheiten.

§ 36. Kommen die Hebammen in Ausübung ihres Berufes mit Personen in Berührung, welche an ansteckenden Krankheiten leiden, so sollen sie den Rat des behandelnden Arztes oder des Bezirksarztes einholen, in welcher Weise sie sich selbst sowie die ihrer Pflege anvertrauten Personen vor Übertragung von Ansteckungsstoffen zu schützen vermögen.

Bei örtlichen ansteckenden Krankheiten der Pfleglinge, besonders bei solchen der Geschlechtsteile, sollen sie vor der Untersuchung die Hände und Instrumente gut einfetten, nach der Untersuchung aber jedenfalls eine gründliche Reinigung der beschmutzten Hände und Gerätschaften unter Anwendung von 1 prozentiger Lysollösung vornehmen.

Die gleiche Reinigung hat auch Platz zu greifen, wenn es sich um ansteckende Allgemein-Krankheiten handelt, wobei außerdem die weiteren vom Bezirksarzte oder dem behandelnden Arzte angeordneten Schutzmaßregeln nicht außer acht gelassen werden dürfen. (Gründliche Reinigung des Körpers mit Seife, womöglich im Bade; Desinfektion und frische Bekleidung.)

Leidet die Hebamme selbst an ansteckenden Übeln, z. B. an eiternden Wunden, Geschwüren an den Händen, Krätze usw., so hat sie sich bis zu der durch den Bezirksarzt festgestellten Heilung der Ausübung ihres Berufes zu enthalten.

Befindet sich eine derartig erkrankte Person in der Wohnung der Hebamme, so muß sie auch in diesem Falle sofort Verhaltungsmaßregeln von dem zuständigen Bezirksarzte einholen.

Auch die Untersuchung Schwangerer wie die Pflege anderer Wöchnerinnen sind durchaus unzulässig, falls die Hebamme mit irgendwelchen ansteckenden Erkrankungen in Berührung gekommen ist.

Auch bei Krankheiten der Neugeborenen hat die Hebamme auf zeitige Berufung des Arztes zu dringen, insbesondere bei den ersten Zeichen einer Augenentzündung die Angehörigen sowohl auf die Gefahr der Erblindung des Kindes, als auch auf die Möglichkeit einer Ansteckung der ersteren aufmerksam zu machen.

VI. Von dem Verhalten der Hebamme den Behörden gegenüber.

Anzeige-Pflicht.

§ 37. Die Verpflichtung der Hebamme zur Anzeige von Entbindungen bei dem Standesamte und zur Anzeige von dem Ausbruche einer ansteckenden Krankheit bemißt sich nach den hierfür geltenden Bestimmungen.

Hat die Hebamme Zweifel über das Geschlecht des Kindes, so soll sie vor der Anzeige der Geburt für die Zuziehung eines Arztes Sorge tragen.

Monats-Tabellen über vorgekommene Geburten.

§ 38. Dem Bezirksarzte, unter dessen Aufsicht die Hebamme steht, hat dieselbe in den ersten fünf Tagen eines jeden Monats eine tabellarische Übersicht über die im vorhergehenden Monate vorgekommenen Geburten, bei welchen sie Hilfe geleistet hat, nach dem in Beilage abgedruckten Formulare vorzulegen, beziehungsweise Fehlanzeige zu erstatten.

Die Übersicht hat alle Geburten zu enthalten, gleichviel in welchem Amtsbezirke sie vorgekommen sind.

Anzeigen von Vergehen und Verbrechen.

§ 39. Gelangen Vorfälle, welche die Verheimlichung einer Schwangerschaft oder Niederkunft, die Abtreibung oder Tötung der Leibesfrucht einer Schwangeren, die Unterschiebung, Verwechselung oder Aussetzung eines Kindes oder die Verübung eines Kindsmordes vermuten lassen, zur Kenntnis einer Hebamme, so hat dieselbe hiervon unverzüglich der betreffenden Ortspolizeibehörde Anzeige zu erstatten. Die Hebamme darf jedoch in solchen Fällen der betreffenden Person ihren Beistand nach Maßgabe dieser Vorschriften nicht verweigern.

Kenntnis der bestehenden Bestimmungen. Nachprüfungen.

§ 40. Die Hebammen sollen mit allen Gesetzen, Verordnungen und Vorschriften, welche sich auf ihren Beruf und ihren Wirkungskreis beziehen, sich bekannt machen.

§ 41. Sämtliche Hebammen eines Verwaltungsbezirkes haben sich alljährlich einer von dem betreffenden Bezirksarzte entweder an seinem Wohnorte oder an jenem der Hebamme vorzunehmenden Prüfung zu unterziehen, welche sich auf den gesamten Umfang des zum Unterrichte in den bayerischen Hebammenschulen eingeführten Lehrbuches und auf die vorstehenden Bestimmungen zu erstrecken hat.

Mit dieser Prüfung ist eine Untersuchung des Hebammen-Apparates zu verbinden.

Auch können einzelne Hebammen erforderlichenfalls zur Teilnahme an einem Desinfektionskurs oder Repetitionskurs an einer Hebammenschule beigezogen werden.

VII. Strafbestimmungen.

Ahndung der Zuwiderhandlungen.

§ 42. Zuwiderhandlungen gegen die Dienstanweisung haben, soweit nicht strafrechtliche Verfolgung eintritt oder besondere Strafbestimmungen einschlagen, Bestrafung nach Maßgabe des Artikels 127, Absatz 2, gegebenenfalls Einschreitung nach Artikel 21 und 22 des Polizeistrafgesetzbuches vom 26. Dezember 1871 und je nach Umständen Zurücknahme der Berechtigung zur Ausübung des Hebammendienstes gemäß § 53, Absatz 2 der Reichsgewerbeordnung zur Folge, wenn aus Handlungen oder Unterlassungen einer Hebamme der Mangel derjenigen Eigenschaften klar erhellt, welche bei Erteilung des Prüfungszeugnisses vorausgesetzt wurden.

Beilage zu § 38.

Tabellarische Übersicht

über die im Monate 19 vorgekommenen Geburten,

bei welchen die Hebamme in Hilfe geleistet hat.

I.	II.				III.	IV				V.	VI.	VII.		VIII.		IX.		X.		XI.		XII.	
Laufende Nummer	Der Gebärenden				Tag der Geburt	Lebend- Geboren		Tot- Geboren		Kindeslage	Dauer der Geburt in Stunden	War künstliche Hilfe notwendig?		War das Kind scheintot?		Hatten die Wiederbelebungsversuche Erfolg?		Nährt die Wöchnerin ihr Kind?		Blieb die Wöchnerin gesund?		Ging die Erkrankung über in	
	a) Name	b) Wohnort	c) Alter	d) wievielte Geburt		Knaben	Mädchen	Knaben	Mädchen			Ja	Nein	Ja	Nein	Ja	Nein	Ja	Nein. Gründe	Ja	Nein	Genesung	oder Tod? Wie lange nach der Geburt erfolgte letzterer?

Anmerkung Ergeben sich in einzelnen Fällen bezüglich der in den Rubriken XI und XII zu konstatierenden Punkte nach Vorlage der Monatsübersicht Änderungen, so sind dieselben in der Übersicht des folgenden Monats nachzutragen

3

* Diese Tabelle ist durch die Verlagsbuchhandlung von R. Oldenbourg, Abteilung für Schulbücher, zu beziehen. Preis per Bogen 2 Pfennige. Der Betrag ist bei Bestellungen franko in Briefmarken einzusenden. Bei Bestellungen ist diese Tabelle einfach als Formular Nr. 46 zu bezeichnen.

Anhang.

Sonstige, auf das Hebammenwesen bezügliche Bestimmungen.

1.

Königl. Allerhöchste Verordnung vom 4. Juni 1899, die gewerblichen Verhältnisse der Hebammen betr., Gesetz- und Verordnungsblatt S. 413.

Im Namen Seiner Majestät des Königs.

Luitpold,

von Gottes Gnaden Königlicher Prinz von Bayern.

Regent.

Wir haben Uns bewogen gefunden, die Allerhöchste Verordnung vom 23. April 1874, die gewerblichen Verhältnisse der Hebammen betr., einer Revision zu unterziehen, und verordnen nunmehr auf Grund des § 30 Schlußsatz und § 147 Ziff. 1 der Reichsgewerbeordnung, sowie der Art. 127 und 128 des Polizeistrafgesetzbuches, was folgt:

§ 1. Frauenspersonen, welche in Bayern den Hebammenberuf ausüben wollen, bedürfen des Befähigungszeugnisses einer bayerischen Prüfungsbehörde. Inwieweit aus Rücksichten der Gegenseitigkeit oder auf Grund besonderer Staatsverträge Abweichungen hiervon stattfinden, wird jeweils durch das Kgl. Staatsministerium des Innern bekannt gegeben.

Die Berechtigung der nach Maßgabe der seither bestehenden Bestimmungen zugelassenen Hebammen bleibt unberührt.

§ 2. Jede Hebamme, welche zur Ausübung ihres Berufes in einer Gemeinde sich niederlassen will, hat die Wahl ihres Wohnortes der für denselben einschlägigen Distriktspolizeibehörde unter Vorlage ihres Prüfungszeugnisses anzuzeigen und dem Kgl. Bezirksarzte sich vorzustellen. Eine Hebamme, welche ihren Wohnort verändern will, hat hiervon auch der Distriktspolizeibehörde ihres bisherigen Wohnortes Anzeige zu erstatten.

Hebammen, welche Bezüge aus Staats-, Kreis-, Distrikts-, Gemeinde- oder Stiftungsmitteln genießen oder sonst durch Verträge mit öffentlichen Verbänden oder Anstalten gebunden sind, haben vor Veränderung ihres Wohnortes oder Niederlegung ihres Dienstes über die vorgängige Lösung ihrer bestehenden Verpflichtungen Ausweis beizubringen.

§ 3. Den Gemeinden und Distrikten steht es frei, eigene Hebammen für etwaige bestimmte Bezirke aufzustellen und über die dienstlichen Verhältnisse derselben besondere Vereinbarungen zu treffen. Soweit solche schon bestehen, bleiben dieselben bis zur etwaigen zuständigen Auflösung oder Abänderung aufrecht erhalten. Die Niederlassung anderer freipraktizierender Hebammen wird durch die Aufstellung von Gemeinde- oder Distriktshebammen nicht ausgeschlossen.

§ 4. Die den Hebammen zukommenden Befugnisse nebst den damit in Zusammenhang stehenden Obliegenheiten werden durch eine vom Kgl. Staatsministerium des Innern zu erlassende Dienstanweisung bestimmt.

§ 5. Die Bezahlung der Hebammen bleibt zunächst der Vereinbarung vorbehalten; als Norm für streitige Fälle im Mangel einer Vereinbarung ist die im Anhange beifolgende Gebührenordnung maßgebend.

§ 6. Die Aufsicht über die Hebammen wird im Benehmen mit den Kgl. Bezirksärzten durch die Distriktspolizeibehörden geführt.

§ 7. Gegenwärtige Verordnung, durch welche die Allerhöchste Verordnung vom 23. April 1874 und alle sonstigen entgegenstehenden Vorschriften aufgehoben werden, tritt mit dem Tage ihrer Bekanntmachung durch das Gesetz- und Verordnungsblatt für den ganzen Umfang des Königreiches in Wirksamkeit.

München, den 4. Juni 1899.

Luitpold,
Prinz von Bayern,
des Königreichs Bayern Verweser.

Freiherr von Feilitzsch.
Auf Allerhöchsten Befehl:
der General-Sekretär:
Ministerialrat **von Koppstaetter.**

Beilage zu § 5.

Gebührenordnung für die Dienstleistungen der Hebammen.

I. Allgemeine Bestimmungen.

1. Soweit die Gebührenordnung einen Spielraum zwischen niedrigsten und höchsten Ansätzen gestattet, ist auf die Verschiedenheit der örtlichen Verhältnisse, auf die größere oder geringere Wohlhabenheit, den Erwerbs- und Familienstand der Zahlungspflichtigen, sowie auf besondere Mühewaltung und Zeitversäumnis der Hebamme Rücksicht zu nehmen.

Haben Kassen des Staates, der Gemeinden oder der Wohltätigkeitsstiftungen Hebammengebühren zu bezahlen, so darf die Gebühr den Durchschnittssatz keinesfalls übersteigen.

2. Erfordert eine Verrichtung der Hebamme die Entfernung derselben von ihrer Wohnung, so hat dieselbe neben der unter Ziffer II bestimmten besonderen Gebühr

a) bei Tag 40 Pf. bis 80 Pf.,

b) bei Nacht 80 Pf. bis 1 M. 20 Pf.

zu beanspruchen.

Außerdem gebührt derselben, wenn die Entfernung von der Wohnung mehr als 2 Kilometer beträgt, für je 1 Kilometer des Hin- und Rückweges eine Reiseentschädigung von 20 Pf. bis 40 Pf.

Die in Absatz 2 bezeichnete Reiseentschädigung darf, wenn die Hebamme mehrere Besuche in einem Gange vereinigt, nur einfach in Anrechnung gebracht werden.

3. Für sonstige besondere Auslagen kann Entschädigung nach dem wirklichen Aufwande in Anspruch genommen werden.

Werden die Desinfektionsmittel und sterilisierte Watte nicht von der Kundschaft zur Verfügung gestellt, oder werden sie nicht von der Gemeinde bezahlt oder aus anderen öffentlichen Mitteln geliefert, so hat die Hebamme eine Mark für dieselben zu beanspruchen.

II. Gebühren für einzelne Verrichtungen.

1. Für Untersuchung einer Frau .	75 Pf. bis 1 M.
2. Für eine gewöhnliche Entbindung, wenn die Anwesenheit der Hebamme nicht über 12 Stunden dauert	5 M. bis 15 M.
3. Für jede fernere Stunde . . .	50 Pf. bis 1 M.
4. Für eine Zwillingsgeburt . . .	7 M. 50 Pf. bis 22 M. 50 Pf.
5. Für die Entbindung einer Schwangeren im 1. bis 4. Monat . . .	3 M. bis 10 M.
Bei den Gebühren unter Ziffer 2, 4 und 5 sind die Gebühren für den Besuch (I. Ziffer 2, Absatz 1) im Wohnorte der Hebamme und für die sonst erforderlichen Dienstleistungen inbegriffen.	
6. Für Assistenz bei geburtshilflichen und sonstigen Operationen	2 M. bis 5 M.
7. Für vorschriftsmäßige Besorgung von Mutter und Kind im Wochenbette zu jedem Besuche und für jeden von der Kundschaft verlangten Besuch überhaupt	50 Pf. bis 1 M.
8. Für jeden Nachtbesuch (von abends 9 Uhr bis morgens 7 Uhr)	1 M. bis 2 M.
9. Für das Setzen von Klistieren, Anlegung des Katheters, ärztlich angeordnete Scheiden-Ausspülungen oder Scheidentamponade, Verband eines Nabelbruches, Entfernung eines Pessariums und ähnliche Dienstleistungen außer der Zeit der Geburt und des Wochenbettes . .	50 Pf. bis 1 M.
10. Für das ärztlich angeordnete Setzen von Blutegeln, für das Stück .	15 bis 25 Pf.
11. Für die Anwendung eines trockenen Schröpfkopfes	10 bis 15 Pf.
12. Für die Anwendung eines blutigen Schröpfkopfes	20 bis 40 Pf.

2.
Gewerbeordnung für das Deutsche Reich, Reichsgesetzblatt 1900 Seite 871.

§ 30. Unternehmer von Privat-Kranken-, Privat-Entbindungs- und Privat-Irrenanstalten bedürfen einer Konzession der höheren Verwaltungsbehörde. Die Konzession ist nur dann zu versagen:

a) wenn Tatsachen vorliegen, welche die Unzuverlässigkeit des Unternehmers in Beziehung auf die Leitung oder Verwaltung der Anstalt dartun,

b) wenn nach den von dem Unternehmer einzureichenden Beschreibungen und Plänen die baulichen und die sonstigen technischen Einrichtungen der Anstalt den gesundheitspolizeilichen Anforderungen nicht entsprechen,

c) wenn die Anstalt nur in einem Teile eines auch von anderen Personen bewohnten Gebäudes untergebracht werden soll und durch ihren Betrieb für die Mitbewohner dieses Gebäudes erhebliche Nachteile oder Gefahren hervorrufen kann,

d) wenn die Anstalt zur Aufnahme von Personen mit ansteckenden Krankheiten oder von Geisteskranken bestimmt ist und durch ihre örtliche Lage für die Besitzer oder Bewohner der benachbarten Grundstücke erhebliche Nachteile oder Gefahren hervorrufen kann.

Vor Erteilung der Konzession sind über die Fragen zu c) und d) die Ortspolizei- und die Gemeindebehörden zu hören.

Hebammen bedürfen eines Prüfungszeugnisses der nach den Landesgesetzen zuständigen Behörde.

§ 53. Die in dem § 29 bezeichneten Approbationen können von der Verwaltungsbehörde nur dann zurückgenommen werden, wenn die Unrichtigkeit der Nachweise dargetan wird, auf Grund deren solche erteilt worden sind, oder wenn dem Inhaber der Approbation die bürgerlichen Ehrenrechte aberkannt sind, im letzteren Falle jedoch nur für die Dauer des Ehrenverlustes.

Außer aus diesen Gründen können die in § 30 bezeichneten Genehmigungen und Bestallungen in gleicher

Weise zurückgenommen werden, wenn aus Handlungen oder Unterlassungen des Inhabers der Mangel derjenigen Eigenschaften, welche bei der Erteilung der Genehmigung oder Bestallung nach der Vorschrift dieses Gesetzes vorausgesetzt werden mußten, klar erhellt. Inwiefern durch die Handlungen oder Unterlassungen eine Strafe verwirkt ist, bleibt der richterlichen Entscheidung vorbehalten.

§ 147. Mit Geldstrafe bis zu dreihundert Mark und im Unvermögensfalle mit Haft wird bestraft:

1. wer den selbständigen Betrieb eines stehenden Gewerbes, zu dessen Beginn eine besondere polizeiliche Genehmigung (Konzession, Approbation, Bestallung) erforderlich ist, ohne die vorschriftsmäßige Genehmigung unternimmt oder fortsetzt oder von den in der Genehmigung festgesetzten Bedingungen abweicht.

. . . .

. . . .

Enthält die Handlung zugleich eine Zuwiderhandlung gegen die Steuergesetze, so soll nicht außerdem noch auf eine Steuerstrafe erkannt werden, es ist aber darauf bei Zumessung der Strafe Rücksicht zu nehmen.

3.
Polizeistrafgesetzbuch vom 26. Dezember 1871, Gesetzblatt 1871/72 Seite 9.

Art. 21. Abs. 1. Die Behörden der inneren Verwaltung sind befugt, Verfügungen, die sie innerhalb ihrer Zuständigkeit zum Vollzuge von Gesetzen, deren Übertretung nicht mit Strafe bedroht ist, an bestimmte Personen erlassen und diesen eröffnet haben, durch Anwendung gesetzlicher Zwangsmittel zur Ausführung zu bringen.

Art. 22. Abs. 1. Für die Anwendung des Art. 21 sind den Gesetzen nicht allein die zurzeit bestehenden gültigen Verordnungen, sondern auch diejenigen Verordnungen gleichgestellt, welche künftig zu einem Gesetze auf den Grund eines in diesem enthaltenen Vorbehaltes erlassen werden.

Art. 72. Approbierte Ärzte, Wundärzte, Bader, H e b a m m e n und Tierärzte, welche die ihnen nach Verordnung obliegende Anzeige von dem Ausbruche einer ansteckenden Krankheit unter Menschen oder Tieren nicht sofort der Polizeibehörde erstatten, werden an Geld bis zu 90 Mark bestraft.

Art. 127. Abs. 2. An Geld bis zu 150 Mark werden bestraft: approbierte Hebammen, wenn sie außer Notfällen ihre durch Verordnung oder Ministerialvorschrift bestimmten Befugnisse überschreiten.

Abs. 3. Die Bezahlung der approbierten Ärzte, Wundärzte, Bader, Hebammen und Tierärzte bleibt der Vereinbarung vorbehalten. Als Norm für streitige Fälle im Mangel einer Vereinbarung können jedoch für dieselben Taxen durch Verordnung festgesetzt werden.

Art. 128. Ärzte, Wundärzte, Bader, Hebammen und Tierärzte werden an Geld bis zu 45 Mark gestraft, wenn sie bei der Wahl oder Veränderung ihres Wohnortes den durch Verordnung festgesetzten Verpflichtungen zuwiderhandeln.

4.

Königl. Allerhöchste Verordnung vom 22. Juli 1891, die Verpflichtung der Medizinalpersonen zur Anzeige ansteckender Krankheiten unter Menschen betreffend, Gesetz- und Verordnungsblatt 1891 S. 229.

§ 1. Abs. 3. Hebammen haben über jede in ihrem Berufe wahrgenommene Erkrankung an Puerperalfieber Anzeige zu machen.

Abs. 4. Diese Anzeige hat innerhalb längstens 24 Stunden nach erlangter Kenntnis von der Krankheit an jene Distriktspolizeibehörde, in deren Bezirk die Krankheit auftritt, zu erfolgen.

5.

Entschließung des K. Staatsministeriums des Innern vom 24. Juli 1891, die Verpflichtung der Medizinalpersonen zur Anzeige ansteckender Krankheiten unter Menschen, Ministerialamtsblatt 1891 S. 263.

Ziff. 2 Abs. 1. Bei der Anzeigepflicht der Hebammen nach § 1 Abs. 3 der K. Allerhöchst. Verordnung vom 22. Juli 1891 (GVBl. S. 229) handelt es sich vorzugsweise auch darum, einer Weiterverbreitung des Kindbettfiebers durch die Hebammen selbst vorzubeugen.

6.

Reichsgesetz vom 6. Februar 1875 über die Beurkundung des Personenstandes und die Eheschließung, Reichsgesetzblatt 1875 S. 23.

§ 17. Jede Geburt eines Kindes ist innerhalb einer Woche dem Standesbeamten des Bezirkes, in welchem die Niederkunft stattgefunden hat, anzuzeigen.

§ 18. Zur Anzeige sind verpflichtet:

1. der eheliche Vater;
2. die bei der Niederkunft zugegen gewesene Hebamme;
3. der dabei zugegen gewesene Arzt;
4. jede andere dabei zugegen gewesene Person;
5. die Mutter, sobald sie dazu imstande ist.

Jedoch tritt die Verpflichtung der in der vorstehenden Reihenfolge später genannten Personen nur dann ein, wenn ein früher genannter Verpflichteter nicht vorhanden oder derselbe an der Erstattung der Anzeige verhindert ist.

§ 19. Die Anzeige ist mündlich von dem Verpflichteten selbst oder durch eine andere aus eigener Wissenschaft unterrichtete Person zu machen.

§ 20. Bei Geburten, welche sich in öffentlichen Entbindungs-, Hebammen-, Kranken-, Gefangen- und ähnlichen Anstalten, sowie in Kasernen ereignen, trifft die Verpflichtung zur Anzeige ausschließlich den Vorsteher der Anstalt oder den von der zuständigen Behörde ermächtigten Beamten. Es genügt eine schriftliche Anzeige in amtlicher Form.

§ 22. Die Eintragung des Geburtsfalles soll enthalten:

1. Vor- und Familienname, Stand oder Gewerbe und Wohnort des Anzeigenden;
2. Ort, Tag und Stunde der Geburt;
3. Geschlecht des Kindes;
4. Vorname des Kindes;
5. Vor- und Familienname, Religion, Stand oder Gewerbe und Wohnort der Eltern.

Bei Zwillings- oder Mehrgeburten ist die Eintragung für jedes Kind besonders und so genau zu bewirken, daß die Zeitfolge der verschiedenen Geburten ersichtlich ist.

Standen die Vornamen des Kindes zur Zeit der Anzeige noch nicht fest, so sind dieselben nachträglich und längstens binnen zwei Monaten nach der Geburt anzuzeigen. Ihre Eintragung erfolgt am Rande der ersten Eintragung.

§ 23. Wenn ein Kind totgeboren oder in der Geburt verstorben ist, so muß die Anzeige spätestens am nächstfolgenden Wochentage geschehen. Die Eintragung ist alsdann mit dem im § 22 unter Nr. 1 bis 3 und 5 angegebenen Inhalte nur im Sterberegister zu machen.

§ 27. Wenn die Anzeige eines Geburtsfalles über drei Monate verzögert wird, so darf die Eintragung nur mit Genehmigung der Aufsichtsbehörde nach Ermittelung des Sachverhaltes erfolgen.

Die Kosten dieser Ermittelung sind von demjenigen einzuziehen, welcher die rechtzeitige Anzeige versäumt hat.

§ 68. Abs. 1. Wer den in den §§ 17 bis 20, 22 bis 24, 56 bis 58 vorgeschriebenen Anzeigepflichten nicht nachkommt, wird mit Geldstrafe bis zu einhundertfünfzig Mark oder mit Haft bestraft. Die Strafverfolgung tritt nicht ein, wenn die Anzeige, obwohl nicht von den zunächst Verpflichteten, doch rechtzeitig gemacht worden ist.

Abs. 3. Die Standesbeamten sind außerdem befugt, die zu Anzeigen oder zu sonstigen Handlungen auf Grund dieses Gesetzes Verpflichteten hierzu durch Geldstrafen anzuhalten, welche für jeden einzelnen Fall den Betrag von fünfzehn Mark nicht übersteigen dürfen.

7.

Entschließung des K. Staatsministeriums der Justiz vom 3. Dezbr. 1904, den Vollzug des Reichsgesetzes vom 6. Februar 1875 über die Beurkundung des Personenstandes und die Eheschließung betreffend, Amtsblatt d. K. St.-M. d. Innern 1905 S. 3.

Nach § 20 des Reichsgesetzes vom 6. Februar 1875 über die Beurkundung des Personenstandes und die Eheschließung trifft bei Geburten, die sich in Gefangen- und ähnlichen Anstalten ereignen, die Verpflichtung zur Anzeige an den Standesbeamten ausschließlich den Vorsteher der Anstalt oder den von der zuständigen Behörde ermächtigten Beamten; es genügt eine schriftliche Anzeige in amtlicher Form (Entschl. des Staatsministeriums des Innern vom 13. Dezember 1875 Nr. 13360, J.M.Bl. 1876 S. 73). Nach § 19 des angeführten Gesetzes kann aber die Anzeige auch mündlich von dem Verpflichteten selbst oder durch eine andere aus eigener Wissenschaft unterrichtete Person gemacht werden. Erfolgt die Eintragung in das Geburtsregister auf Grund einer in amtlicher Form erstatteten schriftlichen Anzeige des Vorstandes der Anstalt oder seines Vertreters, so ist aus der Geburtsurkunde zu ersehen, daß sich die Mutter des Kindes zur Zeit seiner Geburt in einem Gefängnisse befunden hat. Hieraus können sich für das Kind im späteren Leben Unzuträglichkeiten ergeben. Um dies zu vermeiden, werden im Einverständnisse mit dem Staatsministerium des Innern die Vorstände der Strafanstalten und der Gerichtsgefängnisse angewiesen, in allen Fällen, in welchen bei der Geburt eine Hebamme oder ein Arzt zugegen war, diese Person um die Erstattung der Anzeige zu ersuchen und sie zu veranlassen, daß sie bei der Anzeige das Gefängnisgebäude nicht als solches, sondern nur nach Straße und Hausnummer bezeichnet. Der Arzt hat sich bei der Erstattung der Anzeige nicht als Anstaltsarzt zu bezeichnen.

8.
Strafgesetzbuch für das Deutsche Reich, Reichsgesetzblatt 1876 S. 40.

§ 169. Wer ein Kind unterschiebt oder vorsätzlich verwechselt oder wer auf andere Weise den Personenstand eines anderen vorsätzlich verändert oder unterdrückt, wird mit Gefängnis bis zu drei Jahren und, wenn die Handlung in gewinnsüchtiger Absicht begangen wurde, mit Zuchthaus bis zu zehn Jahren bestraft.

Der Versuch ist strafbar.

§ 217. Eine Mutter, welche ihr uneheliches Kind in oder gleich nach der Geburt vorsätzlich tötet, wird mit Zuchthaus nicht unter drei Jahren bestraft.

Sind mildernde Umstände vorhanden, so tritt Gefängnisstrafe nicht unter zwei Jahren ein.

§ 218. Eine Schwangere, welche ihre Frucht vorsätzlich abtreibt oder im Mutterleibe tötet, wird mit Zuchthaus bis zu fünf Jahren bestraft.

Sind mildernde Umstände vorhanden, so tritt Gefängnis nicht unter sechs Monaten ein.

Dieselben Strafvorschriften finden auf denjenigen Anwendung, welcher mit Einwilligung der Schwangeren die Mittel zu der Abtreibung oder Tötung bei ihn angewendet oder ihr beigebracht hat.

§ 219. Mit Zuchthaus bis zu zehn Jahren wird bestraft, wer einer Schwangeren, welche ihre Frucht abgetrieben oder getötet hat, gegen Entgelt die Mittel hierzu verschafft, bei ihr angewendet oder ihr beigebracht hat.

§ 220. Wer die Leibesfrucht einer Schwangeren ohne deren Wissen oder Willen vorsätzlich abtreibt oder tötet, wird mit Zuchthaus nicht unter zwei Jahren bestraft.

Ist durch die Handlung der Tod der Schwangeren verursacht worden, so tritt Zuchthausstrafe nicht unter zehn Jahren oder lebenslängliche Zuchthausstrafe ein.

§ 222. Wer durch Fahrlässigkeit den Tod eines Menschen verursacht, wird mit Gefängnis bis zu drei Jahren bestraft.

Wenn der Täter zu der Aufmerksamkeit, welche er aus den Augen setzte, vermöge seines Amtes, Berufes oder Gewerbes besonders verpflichtet war, so kann die Strafe bis auf fünf Jahre Gefängnis erhöht werden.

§ 230. Wer durch Fahrlässigkeit die Körperverletzung eines anderen verursacht, wird mit Geldstrafe bis zu 900 Mark oder mit Gefängnis bis zu zwei Jahren bestraft.

War der Täter zu der Aufmerksamkeit, welche er aus den Augen setzte, vermöge seines Amtes, Berufes oder Gewerbes besonders verpflichtet, so kann die Strafe auf drei Jahre Gefängnis erhöht werden.

§ 231. In allen Fällen der Körperverletzung kann auf Verlangen des Verletzten neben der Strafe auf eine an denselben zu erlegende Buße bis zum Betrage von 6000 Mark erkannt werden.

Eine erkannte Buße schließt die Geltendmachung eines weiteren Entschädigungsanspruches aus.

Für diese Buße haften die zu derselben Verurteilten als Gesamtschuldner.

§ 232 Abs. 1. Die Verfolgung leichter vorsätzlicher sowie aller durch Fahrlässigkeit verursachten Körperverletzungen (§§ 223, 230) tritt nur auf Antrag ein, insofern nicht die

Körperverletzung mit Übertretung einer Amts-, Berufs- oder Gewerbspflicht begangen worden ist.

§ 300. Rechtsanwälte, Advokaten, Notare, Verteidiger in Strafsachen, Ärzte, Wundärzte, Hebammen, Apotheker, sowie die Gehilfen dieser Personen werden, wenn sie unbefugt Privatgeheimnisse offenbaren, die ihnen kraft ihres Amtes, Standes oder Gewerbes anvertraut sind, mit Geldstrafe bis zu 1500 Mark oder mit Gefängnis bis zu drei Monaten bestraft.

Die Verfolgung tritt nur auf Antrag ein.

§ 367. Mit Geldstrafe bis zu 150 Mark oder mit Haft wird bestraft:

1. wer ohne Vorwissen der Behörde einen Leichnam beerdigt oder beiseite schafft, oder wer unbefugt einen Teil einer Leiche aus dem Gewahrsam der dazu berechtigten Personen wegnimmt;
2. wer den polizeilichen Anordnungen über vorzeitige Beerdigungen entgegenhandelt;
3. wer ohne polizeiliche Erlaubnis Gift oder Arzneien, soweit der Handel mit denselben nicht freigegeben ist, zubereitet, feilhält, verkauft oder sonst an andere überläßt;
5. wer bei der Aufbewahrung oder bei der Beförderung von Giftwaren . . . . oder bei Ausübung der Befugnis zur Zubereitung oder Feilhaltung dieser Gegenstände, sowie der Arzneien, die deshalb ergangenen Verordnungen nicht befolgt.

9.

Bekanntmachung des K. Staatsministeriums des Innern vom 20. Juli 1887, Grundsätze für die gegenseitige Zulassung der in der Nähe der Grenzen wohnhaften Hebammen zur Ausübung der Praxis in den einzelnen Deutschen Bundesstaaten betreffend, Gesetz- und Verordnungsblatt 1887 S. 371.

1. Hebammen, welche in einem Bundesstaate das Prüfungszeugnis einer nach den Landesgesetzen zuständigen Behörde erworben haben, sollen, sofern sie in der Nähe der Grenze eines benachbarten Bundesstaates wohnhaft sind, befugt sein, ihre Be-

rufstätigkeit in den in der Nähe der Grenze belegenen Orten des letzterwähnten Staates in gleichem Maße, wie ihnen dies in der Heimat gestattet ist, auszuüben.

2. Die Hebammen, welche in Gemäßheit der unter Ziffer 2 getroffenen Bestimmung in den in der Nähe der Grenze belegenen Orten des Nachbarstaates ihren Beruf ausüben, verlieren die Befugnis hierzu, falls sie sich dort dauernd niederlassen oder ein Domizil begründen.

3. Die unter Ziffer 1 bezeichneten Hebammen haben sich bei der Ausübung ihres Gewerbes an den in der Nähe der Grenzen liegenden Orten des benachbarten Staates den daselbst geltenden Gesetzen und Verwaltungsvorschriften zu unterwerfen.

10.
Übereinkunft zwischen dem Deutschen Reiche und Österreich-Ungarn vom 30. September 1882, die gegenseitige Zulassung der an der Grenze wohnhaften Medizinalpersonen zur Ausübung der Praxis betreffend, Reichsgesetzblatt 1883 S. 39.

Art. 1. Die deutschen Ärzte, Wundärzte, Tierärzte, Hebammen, welche in der Nähe der deutsch-österreichischen Grenze wohnhaft sind, sollen das Recht haben, ihre Berufstätigkeit auch in den österreichischen, in der Nähe der Grenze belegenen Orten in gleichem Maße, wie ihnen dies in der Heimat gestattet ist, auszuüben, vorbehaltlich der im Artikel 2 enthaltenen Beschränkung; und umgekehrt sollen unter gleichen Bedingungen die österreichischen Ärzte, Wundärzte, Tierärzte und Hebammen, welche in der Nähe der österreichisch-deutschen Grenze wohnhaft sind, zur Ausübung ihrer Berufstätigkeit in den deutschen, in der Nähe belegenen Orten befugt sein.

Art. 2. Die vorstehend bezeichneten Personen sollen bei der Ausübung ihres Berufes in dem andern Lande zur Selbstverabreichung von Arzneimitteln an die Kranken, abgesehen von dem Falle drohender Lebensgefahr, nicht befugt sein.

Art. 3. Die Personen, welche in Gemäßheit des Art. 1 in den in der Nähe der Grenze belegenen Orten des Nachbarlandes ihren Beruf ausüben, sollen nicht befugt sein, sich dort dauernd niederzulassen, oder ein Domizil zu begründen, es sei denn, daß sie sich der in diesem Lande geltenden Gesetzgebung und namentlich nochmaliger Prüfung unterwerfen.

Art. 4. Es gilt als selbstverständlich, daß die Ärzte, Wundärzte, Tierärzte und Hebammen eines der beiden Länder, wenn sie von der ihnen im Artikel 1 dieser Übereinkunft zugestandenen Befugnis Gebrauch machen wollen, sich bei der Ausübung ihres Berufes in den in der Nähe der Grenze belegenen Orten des anderen Landes den dort in dieser Beziehung geltenden Gesetzen zu unterwerfen haben.

Außerdem wird jede der beiden Regierungen ihren Medizinalpersonen anempfehlen, bei den in Rede stehenden Anlässen die in dem andern Lande bezüglich der Ausübung der betreffenden Berufstätigkeit erlassenen Administrativvorschriften zu befolgen.

11.

Bekanntmachung des K. Staatsministeriums des Innern vom 16. Februar 1884, die Vorschriften, welche für die Berufstätigkeit der Medizinalpersonen in den an Deutschland grenzenden österreichischen Distrikten gelten, betreffend, Ministerialamtsblatt 1884 S. 48.

C. Bezüglich der Hebammen.

Die Hebammen sind bei Ausübung ihres Berufes an die unter dem 4. Juni 1881 erlassene Instruktion[1]) und Belehrung gebunden und haben sich wegen Erlangung eines Exemplares dieser Instruktion an die betreffende politische Behörde zu wenden, in deren Verwaltungsgebiete sie Praxis ausüben.

Außer diesen allgemein gültigen Vorschriften werden von den politischen Behörden aus Anlaß des Auftretens oder des Drohens von Epidemien und Epizootien fallweise spezielle

---

[1]) Durch Verordnung des K. K. österreichischen Ministeriums des Innern vom 10. September 1897 ist die Instruktion vom 4. Juni 1881 durch neue Dienstesvorschriften für Hebammen ersetzt worden. Eine geeignete Handausgabe dieser Dienstesvorschriften ist im Verlage der K. K. Hof- und Staatsdruckerei in Wien 1897 erschienen.

Anordnungen getroffen, welche die betreffenden Medizinalpersonen zu beobachten haben.

Es ist demnach im eigenen Interesse der deutschen Medizinalpersonen, welche auf österreichischem Staatsgebiete Praxis ausüben, gelegen, sich hinsichtlich solcher Administrativmaßregeln in entsprechender Weise an Ort und Stelle in Kenntnis zu erhalten.

12.

Königl. Allerhöchste Verordnung vom 23. April 1874 / 26. Juli 1890, die Hebammenschulen und die Prüfung der Hebammen betreffend, Gesetz- und Verordnungsblatt 1874 S. 222, 1890 S. 527.

Ludwig II.

von Gottes Gnaden König von Bayern, Pfalzgraf bei Rhein, Herzog von Bayern, Franken und in Schwaben 2c. 2c.

Wir haben Uns bewogen gefunden, die Verordnung vom 7. Januar 1816, die Einrichtung des Hebammenwesens betr., mit Rücksicht auf die durch die Einführung der Gewerbeordnung für den Norddeutschen Bund vom 21. Juni 1869 notwendig gewordenen Änderungen einer Revision unterziehen zu lassen, und verordnen nunmehr in bezug auf die Organisation der Hebammenschulen und die Prüfung der Hebammen, was folgt:

§ 1. Die Bildung der Hebammen geschieht an den öffentlichen Hebammenschulen in München, Würzburg, Erlangen und Bamberg. Die dort bestehenden Prüfungskommissionen fertigen die im § 30 Absatz 2 der erwähnten Gewerbeordnung für die Hebammen geforderten Prüfungszeugnisse aus.

§ 2. Das Personal jeder der vier Hebammenschulen besteht aus einem Direktor, einem Professor und einem Repetitor.

Die Funktionen eines Direktors können mit denen eines Professors vereinigt werden.

Der Direktor und Professor haben, wenn sie nicht bereits einer höheren Dienstkategorie angehören, den Rang und tragen die Uniform eines Gymnasialprofessors. Der theoretische und praktische Unterricht wird von dem Professor und Repetitor gegeben. Der Direktor hat die Oberleitung desselben und besorgt die Direktorialgeschäfte.

§ 3. Jeder Unterrichtskurs dauert (4, seit 1903:) 5 Monate. Eine Verkürzung desselben ist unter keiner Voraussetzung zulässig.

Die Zahl der Unterrichtskurse in einem Jahre und die Zeit des Beginnens derselben bestimmt das betreffende Staatsministerium.

Die getroffenen Bestimmungen sind rechtzeitig in den Kreisamtsblättern bekannt zu machen.

§ 4. Jede der vier Hebammenschulen hat die bestimmten Bezirken und Kreisen des Königreichs angehörigen Hebammenkandidatinnen aufzunehmen. Die Feststellung dieser Bezirke und Kreise geschieht durch das betreffende Staatsministerium.

Die Kreisregierungen, Kammern des Innern, sind befugt, aus erheblichen Gründen für einzelne ihrer Kandidatinnen nach vorgängigem Benehmen mit den Vorständen dieser Anstalten zu wählen.

§ 5. In der Regel sollen in einen Kurs der Hebammenschule zu München nicht mehr als 60, in einen Kurs der Hebammenschule in Würzburg nicht mehr als 50, in einen Kurs der Hebammenschule zu Erlangen nicht mehr als 25 und in einen Kurs der Hebammenschule zu Bamberg nicht mehr als 35 Kandidatinnen gleichzeitig aufgenommen werden.

Kann hiermit das bestehende Bedürfnis an Hebammen im Königreiche nicht befriedigt werden, und zeigt sich die Einrichtung eines zweiten Lehrkurses an den Hebammenschulen als unausführbar, so ist es den Kreisregierungen, Kammern des Innern, nach vorgängigem Benehmen mit den Direktoren dieser Schulen gestattet, eine mäßige Überschreitung der erwähnten Maximalziffer eintreten zu lassen.

Gegen derartige Verfügungen der Kreisregierungen, Kammern des Innern, haben die Direktoren der Hebammenschulen ein Rekursrecht an das betreffende Staatsministerium.

§ 6. Frauenspersonen, welche in den Kurs einer Hebammenschule aufgenommen werden wollen, haben vorzulegen:

a) Schulzeugnisse, aus welchen zu entnehmen ist, daß sie Fertigkeit im Lesen, Schreiben und Rechnen besitzen,
b) ein bezirksärztliches Zeugnis über ihre körperliche und geistige Befähigung zum Hebammenberuf,
c) ein ortspolizeiliches Zeugnis über sittlichen Lebenswandel, und
d) ein Geburts- und die der christlichen Religion angehörigen ein Taufzeugnis.

Auch haben dieselben den Nachweis zu liefern, daß sie die mit einem Lehrkurs verbundenen Kosten für ihre Subsistenz, für die vorgeschriebenen Lehrbücher, sowie für die ihnen nach der Prüfung zu übergebenden Instrumente und Requisiten zu bestreiten vermögen.

Frauenspersonen, welche das 20. Lebensjahr noch nicht erreicht oder das 36. überschritten haben, oder in der zweiten Hälfte der Schwangerschaft sich befinden, ist die Aufnahme in die Hebammenschule zu versagen.

Die Aufnahme in die Hebammenschule ist ferner zu versagen, wenn Tatsachen vorliegen, welche die Überzeugung begründen, daß die Gesuchstellerin die für den Beruf einer Hebamme erforderliche Zuverlässigkeit nicht besitzt.

Frauenspersonen, welche vorbehaltlich der Erwerbung eines Prüfungszeugnisses zu Gemeinde- oder Distriktshebammen gewählt worden sind und sich kontraktlich verbindlich gemacht haben, die Hebammenkunst in jenen Gemeinden oder Distrikten, für die sie gewählt worden sind, auszuüben und dort zu wohnen, haben sich auch hierüber durch ein amtliches Zeugnis auszuweisen.

§ 7. Alle Gesuche um Aufnahme in den Kurs einer Hebammenschule sind drei Monate vor Beginn des Lehrkurses bei den Distriktsverwaltungsbehörden, in München bei der Polizeidirektion, in den übrigen einer Kreisregierung unmittelbar untergeordneten Städten bei dem Magistrate unter Vorlage der erforderlichen Zeugnisse (§ 6) anzubringen.

Die Gesuche samt allen Beilagen sind an die vorgesetzte Kreisregierung, Kammer des Innern, schleunigst mit Gutachten einzusenden.

§ 8. Die Kreisregierungen, Kammern des Innern, benehmen sich mit dem Direktor der Hebammenschule über die

Zahl der aus ihrem Kreise in die Schule aufzunehmenden Kandidatinnen und bescheiden sodann die vorliegenden Gesuche.

§ 9. Den ersten Anspruch auf Annahme in den Kurs einer Hebammenschule haben die im letzten Absatz des § 6 bezeichneten Frauenspersonen.

Gestatten es die Verhältnisse der Anstalt, so dürfen auch solche Kandidatinnen in dieselbe aufgenommen werden, welche künftig als Hebammen frei praktizieren wollen.

Bei dieser Klasse von Bittstellerinnen sind zuerst die dem Königreiche, sodann die den übrigen Staaten des Deutschen Reiches angehörigen Frauensperonen vorzugsweise zu berücksichtigen.

Altersdispensen dürfen von den Kreisregierungen, Kammern des Innern, nur in den dringendsten Fällen erteilt werden.

§ 10. Jede Frauensperson, welche die Aufnahme in den Kurs einer Hebammenschule erhalten hat, ist zur Kontrolle der vorgelegten Zeugnisse einer Aufnahmsprüfung zu unterwerfen. Diese Prüfung ist unter der Oberleitung des Direktors von dem Professor und Repetitor und, wenn ein eigener Professor nicht aufgestellt ist, von dem Direktor und Repetitor abzuhalten. In derselben ist zu untersuchen, ob die Kandidatin die zur Auffassung des Unterrichtes und zur Besorgung des künftigen Hebammendienstes erforderliche körperliche und geistigen Befähigung besitze.

Entspricht die Kandidatin den in dieser Beziehung zu stellenden Anforderungen nicht, so hat der Direktor der Schule dieselbe zurückzuweisen. Eine solche Zurückweisung kann auch im Laufe des ersten Unterrichtsmonats geschehen, wenn der Direktor die Überzeugung gewonnen hat, daß die Schülerin zur Bewältigung der ihr gesteckten Aufgabe absolut unfähig sei. Der Kreisregierung, Kammer des Innern, welche die Aufnahme bewilligt hat, ist hiervon Anzeige zu erstatten.

Über die Aufnahmsprüfung ist von dem Repetitor ein Protokoll zu führen.

§ 11. Kandidatinnen, welche die Aufnahmsprüfung bestanden haben, erlegen vor Beginn des Kurses jene Summe, welche zur Beischaffung der vorgeschriebenen Unterrichtsbücher, sowie zum Ankauf der den künftigen Hebammen zu ihrer Praxis nötigen Instrumente und Requisiten erforderlich ist. Auch haben sich dieselben über den Besitz genügender Subsistenzmittel für die Dauer des Unterrichtskurses auszuweisen. (§ 6.)

Ein Unterrichtsgeld wird nicht erhoben.

§ 12. Nach Beginn des Kurses sollen dem Vorstande der Schule weitere Kandidatinnen zur Aufnahme nicht mehr zugewiesen werden.

Zu Ausnahmen von dieser Regel sind die Kreisregierungen, Kammern des Innern, nur aus wichtigen und dringenden Gründen und nur mit Zustimmung des Direktors befugt.

§ 13. Zur Prüfung an einer bayerischen Hebammenschule sind von dem Direktor nur Frauenspersonen zuzulassen, welche in einer öffentlichen, im Deutschen Reiche gelegenen Hebammenschule einen vollständigen Kurs durchgemacht haben. Ausnahmsweise können mit Genehmigung des betreffenden Staatsministeriums zur Prüfung auch solche Frauenspersonen zugelassen werden, welche unter Vorlage der im § 6 lit. a, b, c und d bezeichneten Zeugnisse den Nachweis liefern, daß sie in anderer Weise eine geordnete Vorbildung für den Hebammenberuf genossen haben.

Die Zulassung zur Prüfung ist zu versagen, wenn Tatsachen vorliegen, welche die Überzeugung begründen, daß die Gesuchstellerin die für den Beruf einer Hebamme erforderliche Zuverlässigkeit nicht besitzt.

Kandidatinnen, welche den Unterrichtskurs an der Hebammenschule, wo sie zur Prüfung zugelassen sind, nicht mitgemacht haben, erlegen vor Beginn der Prüfung die zur Beischaffung des Hebammenapparates (§ 11) erforderliche Summe.

§ 14. Die Prüfung beginnt nach Beendigung des Unterrichtskurses von vier Monaten. Die Öffentlichkeit ist bei derselben ausgeschlossen.

Die Prüfungskommission besteht aus dem Medizinalrat der betreffenden Kreisregierung, Kammer des Innern, dem Direktor, dem Professor, wo ein eigener aufgestellt ist, und dem Repetitor.

Im Falle der Verhinderung des Medizinalrates hat die betreffende Kreisregierung, Kammer des Innern, einen Stellvertreter desselben zur Prüfung abzuordnen.

§ 15. Jede Kandidatin wird nicht nur aus dem theoretischen, sondern auch aus dem praktischen Teile der Geburtshilfe am Phantome geprüft.

Die Zeitdauer der Prüfung der einzelnen Kandidatin wird dem Ermessen der Prüfungskommission anheimgestellt.

Nach dem Prüfungsakte erfolgt sogleich die Beurteilung des Ergebnisses, welches durch die Noten

I. ausgezeichnet,
II. sehr gut,
III. genügend, und
IV. ungenügend

ausgedrückt wird.

Der Repetitor führt das Protokoll, in welchem die jeder Kandidatin erteilte Note vorzutragen ist.

Nach Beendigung der Prüfung erhalten jene drei Kandidatinnen, welche von der Kommission für die besten erklärt worden sind, goldene Medaillen als Preise aus der Hand des Direktors.

Kandidatinnen, welche in der Prüfung die Note „ungenügend" erhalten haben, können selbstverständlich zur Ausübung der Hebammenkunst nicht zugelassen werden.

Die Summen, welche sie zum Ankauf der für die Praxis nötigen Instrumente und Requisiten erlegt haben, sind ihnen zurückzugeben. Eine Wiederholung des Unterrichtskurses und der Prüfung darf ihnen nur noch einmal gestattet werden.

§ 16. An dem auf die Prüfung folgenden Tage werden sämtlichen Kandidatinnen, welche in derselben die Note der Befähigung erlangt haben, die Zeugnisse auf Grund des Prüfungsprotokolls mit spezieller Angabe der erworbenen Note ausgefertigt.

Das Prüfungszeugnis ist zu versagen, wenn Tatsachen vorliegen, welche die Überzeugung begründen, daß die Kandidatin die für den Beruf einer Hebamme erforderliche Zuverlässigkeit nicht besitzt.

Das Prüfungszeugnis ist von der Kommission zu unterzeichnen und mit dem Siegel der Schule zu versehen. Dasselbe gewährt die in der Gewerbeordnung vom 21. Juni 1869 vorgesehene Berechtigung.

Jede für fähig befundene Kandidatin erhält gleichzeitig mit dem Prüfungszeugnisse einen Abdruck der Hebammen-Instruktion und den Hebammen-Apparat mit den für die Praxis erforderlichen Utensilien und Instrumenten.

§ 17. Alle die Hebammen-Kandidatinnen betreffenden Verhandlungen, Protokolle, Korrespondenzen, Berichte, Entschließungen 2c., sodann die im § 6 erwähnten Zeugnisse sind tax- und stempelfrei.

Die Prüfungszeugnisse sind taxfrei, aber auf 15 kr. Stempel auszufertigen.[1])

§ 18. Nach vollständiger Beendigung des Prüfungsgeschäftes hat der Direktor der Hebammenschule das Prüfungsprotokoll an die vorgesetzte Kreisregierung, Kammer des Innern, mit gutachtlichem Berichte über die Resultate des Unterrichtskurses einzusenden, die erwähnte Kreisstelle aber hat dasselbe mit dem Berichte der Direktion, sowie mit eigener Meinungsäußerung dem betreffenden Staatsministerium vorzulegen.

§ 19. Die Namen der für fähig befundenen Hebammen mit den ihnen erteilten Noten sind in den Kreis- und Lokal-Amtsblättern des Ortes der Schule bekannt zu machen.

§ 20. Gegenwärtige Verordnung, durch welche alle entgenstehenden Vorschriften aufgehoben werden, tritt mit dem Tage ihrer Bekanntmachung durch das Gesetz- und Verordnungsblatt für den ganzen Umfang des Königreiches in Wirksamkeit.

München, den 23. April 1874.

Ludwig.

Dr. **v. Lutz.**

Auf Königlich Allerhöchsten Befehl:
der General-Sekretär,
Ministerialrat von Bezold.

---

[1]) Nach Art. 231 Ziffer 19 des Gebührengesetzes (GVBl. 1899 S. 904) wird eine Gebühr für das Prüfungszeugnis nicht erhoben.

Inhaltsverzeichnis.

www.ingramcontent.com/pod-product-compliance
Lightning Source LLC
La Vergne TN
LVHW092104300926
849161LV00002B/33
9783486732320